LETTRES

SUR LE

BOMBARDEMENT DE STRASBOURG

LETTRES

SUR

LE BOMBARDEMENT

DE

STRASBOURG

EN 1870

PAR UN TÉMOIN OCULAIRE

PRIX : 75 CENT.

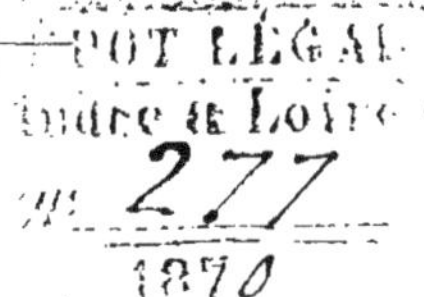

TOURS
IMPRIMERIE MAME ET FILS
1870

PRÉFACE

Parvenu, à travers bien des périls, sur une terre vierge encore de l'envahissement prussien, je condense à la hâte dans quelques lettres rapidement écrites, les faits les plus saillants du bombardement de la ville de Strasbourg.

Témoin de ce que je raconte, je n'ai en vue que la vérité, présentée sans détours.

Tours, le 17 octobre 1870.

F. SALLES.

LETTRES

SUR LE

BOMBARDEMENT DE STRASBOURG

PREMIÈRE LETTRE

Les premières heures.

C'est le 12 août, à dix heures du matin, qu'a eu lieu l'investissement complet de la place, et que toutes les communications avec l'extérieur ont été coupées par l'ennemi. Dès le 6 au soir, dans un mouvement de panique irréfléchie, l'autorité avait fait battre la générale; ce n'est que le 7, à deux heures et demie du matin, que les Prussiens sont entrés à Haguenau, sans avoir pris le temps d'enterrer leurs morts; ce n'est que le 9, que leur avant-garde s'est établie à Bischheim, à une lieue et demie de Strasbourg, et que leurs éclaireurs vinrent reconnaître la place. Nos remparts sont armés, notre garnison est prête, mais elle est trop faible pour soutenir le choc d'une armée assiégeante sérieuse. En outre de la garde mobile, entièrement nouvelle au métier des armes, nous n'avons qu'un régiment de ligne, le 87e, des débris de Reichshoffen et des dépôts, dont on forme un régiment de marche, et une partie du 16e d'artillerie (pontonniers).

Dès la première heure, il est facile de se rendre compte que Strasbourg, abandonné à ses propres forces, ne pourra tenir que pendant un délai très-court, contre un siége régulier. Sa garnison est insuffisante, ses moyens de défense seront inefficaces contre l'artillerie prussienne. Sur quatre cents canons que nous avons aux remparts, un grand nombre ne sont même pas rayés. Je ne m'arrête pas aux opérations propres du siége et de la défense. L'heure ne me semble pas venue de faire la lumière sur les fautes commises. Je ferai seulement observer que si, en 1815, le premier soin du commandant de Strasbourg a été d'occuper le cimetière Sainte-Hélène, situé entre Schiltigheim et la place, c'est dans ce cimetière qu'en 1870 les assiégeants ont établi leurs premiers travaux d'attaque. C'est d'Oberhausbergen que, le 14, à onze heures un quart du soir, deux obus de quatre sont tombés dans le faubourg de Saverne. Ces projectiles, lancés par des pièces de campagne d'un faible calibre, de plus de 1,500 mètres de l'enceinte, nous révèlent ce que nous pouvons attendre de leurs batteries de siége, quand ils en auront installé.

On a tenté à plusieurs reprises de les déloger de leurs positions, mais on n'y a réussi que momentanément chaque fois. La mitraille leur a causé souvent des pertes sensibles.

La nuit du 13 au 14 fut horrible pour nos jeunes gardes mobiles, placés aux avant-postes du côté de la porte de Pierre. Notre feu avait frappé l'ennemi en pleine masse, au milieu du cimetière de Sainte-Hélène. Jusqu'au jour montèrent, du champ des morts, les râles des mourants et les gémissements des blessés. A gauche flamboyait l'incendie allumé aux Rotondes; en face s'agitaient les grand'gardes ennemies. La pâle lueur de la lune éclairait toute la scène.

Strasbourg est dans une position assez mauvaise comme place de guerre, dès lors que l'ennemi occupe les hauteurs qui le dominent de tous côtés, et qu'aucun fort ne défend les approches de l'enceinte. Une garnison de vingt-cinq à trente mille hommes de troupes solides et exercées aurait permis de faire des sorties sérieuses, de détruire les ouvrages de l'ennemi, à mesure qu'il les élevait, et de tenir en respect les assiégeants. Mais j'ai dit la garnison de la place, et j'ajoute que c'est même par suite d'un retard imprévu, que le 87e n'avait pas rejoint l'armée d'opération, à Reichshoffen. L'escadrille du Rhin n'avait pu arriver à temps; mais les cent cinquante marins de l'escadre, et leur vaillant commandant, le contre-amiral Excelmans, ont bien mérité de la France par leur dévouement et l'excellente précision de leur tir. Ces cent cinquante hommes, petits en nombre, mais valeureux comme un mille, ont bien contribué à retarder l'heure douloureuse de la reddition de cette place, qu'on a eu le tort d'abandonner; car elle est la clef du Rhin, et l'ennemi, même après une grande défaite, pourra toujours couvrir sa retraite par Strasbourg et Rastatt.

La nuit du 15 août fut témoin d'un simulacre de bombardement : la cathédrale s'était pavoisée de nos couleurs nationales, quoiqu'on eût appris par nos espions que les Badois nous promettaient pour le soir un feu d'artifice de leur invention, et qu'ils devaient envoyer *aux Messieurs de Strasbourg leur carte de visite.* Vingt et un obus tombaient entre minuit et une heure dans l'intérieur de la ville. Ils étaient lancés des Rotondes et de Kœnigshoffen par une batterie volante, dans la direction de la cathédrale. La place du Broglie, la rue des Hallebardes, la rue du Dôme, a place Kléber sont touchées. Une vieille femme a les deux jambes coupées dans son lit, rue du Jeu-des-Enfants. Une corniche de la cathédrale est endommagée, et, chose pénible à dire, il semblerait que les ambulances, sur lesquelles flottait le drapeau de la Convention de Genève, aient été, avec la basilique, l'objectif de ce bombardement.

La population, effrayée d'abord par le sinistre sifflement des obus, a passé bientôt de l'inquiétude à la colère contre ces Badois qui, par un jeu sauvage, ont essayé d'intimider une ville tout entière. On croit être certain que le grand-duc de Bade, Frédéric, a donné lui-même l'ordre de nous allumer ce feu de joie.

Une nouvelle grave m'est communiquée, le 17, par un homme sûr, qui a pu pénétrer, il y a une heure, dans la place. Les assiégeants font des travaux de desséchement de l'Ill, en amont de Strasbourg, à Krafft, au-dessus d'Erstein, le seul point où le cours du Rhin soit moins élevé que celui de la rivière qui alimente Strasbourg. Ils ont ouvert une tranchée de l'Ill au Rhin. On déjoue leur projet, en faisant ouvrir la digue du Petit-Rhin : l'eau inonde immédiatement les abords de la place, l'Ill remonte, les fossés se remplissent. La Bruche et le Grimmerisch, deux petits affluents, maintenus à un bon niveau par les pluies, continuent d'ailleurs à alimenter l'Ill.

Le 18, à neuf heures du soir, la place Gutenberg, la rue Mercière reçoivent des obus. Les batteries volantes d'où ils arrivent sont tellement éloignées (Lingolsheim), qu'on n'entend pas les coups de canon. L'objectif unique est la cathédrale. Le sifflement et le sillon lumineux des projectiles sont un terrible avertissement pour la population qui se refusait, dans son honnête ingénuité, à croire à un bombardement sans sommation préalable. Mais les Prussiens ont inscrit en tête du nouveau droit des peuples : « Bombardement d'abord, siége après ; » en d'autres termes : « Destruction des édifices et des propriétés privées, massacre des femmes, des vieillards, des enfants, avant l'attaque aux remparts et la lutte contre l'armée. » C'est de cette nuit que date le premier incendie, allumé par les obus au faubourg National. La brasserie de l'Aigle-d'Or s'effondre dans les flammes : les secours sont impossibles, le feu de l'ennemi est dirigé sur le foyer.

Je ne raconterai pas toutes les scènes d'horreur dont j'ai été témoin, mais celles qui ont le plus vivement frappé l'imagination des Strasbourgeois. Mon récit serait ensanglanté de têtes coupées, de jambes broyées, de mutilations terribles. Le 19, à sept heures du matin, nous étions réveillés par une grêle de projectiles, et un feu croisé des plus nourris. L'un des premiers obus de vingt-sept kilos tombe rue de l'Arc-en-Ciel, traverse deux plafonds, éclate au milieu de l'ouvroir d'un orphelinat, et tue ou mutile quinze des jeunes filles. Quatre sont mortes sur le coup, une cinquième n'a vécu que quelques heures, quatre ont été amputées. Ces enfants avaient passé la nuit à la cave, et, croyant le danger éloigné, venaient de remonter à l'ouvroir. Dans cette matinée terrible, j'ai pu noter que les gros projectiles tracent un sillon d'ombre dans le soleil. Les coups sont espacés, comme rhythmés. De la Robertsau (rive gauche du canal du Rhône), le tir est dirigé sur la cathédrale; de l'Ile-des-Épis et de Kehl, sur la citadelle. Le fil télégraphique qui reliait l'observatoire installé sur la plate-forme de la cathédrale au quartier général et à la citadelle, est coupé. C'est un hasard malheureux : le service par estafettes est beaucoup moins rapide. La ville de Kehl est en feu, du Rhin à l'église : la citadelle, en répondant à l'ennemi, a incendié les maisons qui abritaient ses batteries.

La caserne Saint-Nicolas, située au faubourg National, est criblée de boulets; un seul homme est blessé. Nous ne répondons qu'à coup sûr : le général Uhrich a donné l'ordre exprès de ne pas dépenser inutilement une charge de poudre. La citadelle est en butte à un bombardement furieux. L'esplanade est semée d'obus fichés en terre comme des pieux. Au bruit des projectiles se mêlent dans un roulement incessant les notes sonores de nos canons.

A dix heures, la citadelle seule est touchée.

De jour, le feu des assiégeants terrifie moins que de nuit la population. Et pour nos soldats, n'en est-il pas de même? Quels mystères, dans les bruits indistincts de la nuit, après que le canon et la fusillade ont cessé! L'angoisse serre le cœur. Au loin, des ombres peuplent la campagne. Du rempart on domine les plaines, où brillent des lueurs qui marquent les points de ralliement des assiégeants. On comprend les : *Wer da?* des sentinelles, que le vent apporte comme un cri sinistre à l'oreille. On s'attend à chaque seconde à entendre passer au-dessus de sa tête les boulets explosibles, qui peuvent aller frapper dans leur sommeil les êtres qu'on aime le plus. Une bataille est un carnage; mais la fièvre de la lutte grise les combattants. Une faction de nuit aux postes avancés énerve le cœur, et refroidit les forces vives du plus valeureux.

Les Prussiens ont des procédés à eux.

Chaque fois qu'on répond à leur feu, dirigé de Schiltigheim, ils hissent le drapeau de la convention de Genève sur les bâtiments qui les abritent.

Et, contradiction étrange, un convoi se présente à la porte Nationale; ce sont trois cadavres dans un fourgon couvert du service des hôpitaux, avec drapeau et insignes de la Convention. En arrivant au cimetière Saint-Gall, le conducteur est mis en joue. Il essaie de parlementer, il est remis en joue. Il rentre avec son fourgon. La convention de Genève n'a-t-elle pour eux d'autre valeur que de leur servir de stratagème?

Le 20, nous avons eu à enregistrer un fait odieux qu'il faut graver sur l'airain, à la honte de ces bandits, qui se disent soldats. M. Rœderer, officier de place, leur a été envoyé, vers trois heures, en parlementaire; il revenait, le drapeau blanc à la main, suivi d'un trompette. Victime d'un infâme guet-apens, il a été frappé de deux balles, à 300 mètres environ de la porte de Pierre, par des soldats badois embusqués sur le petit chemin de Schiltigheim. Le trompette est tombé au premier coup de feu ; puis l'officier a eu son cheval tué au moment où il se retournait pour faire sonner au parlementaire. Et c'est alors que, mis à pied par la chute de son cheval, il agitait le drapeau blanc, qu'il a été atteint. M. Rœderer a été frappé au cou et au pied ; le trompette a reçu une balle tirée de bas en haut par derrière. Elle est entrée par la hanche, et est ressortie au-dessus du sein. Quand un ouvrier a ramené à la Place le cheval du trompette et a raconté le fait, un cri de rage et de haine est sorti de toutes les poitrines à l'adresse des fils des assassins de Rastatt. La seule excuse invoquée ensuite par l'ennemi est que le parlementaire a mis au retour son cheval au galop. Cette excuse est une dérision. Il a été touché à terre, quand il était immobile : il a donc été victime d'un assassinat prémédité. Les coupables devaient être fusillés devant nos remparts.

Je termine ici cette première lettre ; nous allons entrer demain dans la période la plus terrible du bombardement.

DEUXIÈME LETTRE

Ruines.

Sommation a été faite, le 21, à la place de se rendre à minuit. Nous demandons quarante-huit heures de délai; aucune communication de ces faits n'est transmise à la population, pas plus qu'elle n'a été avertie que la place allait être assiégée, sinon après l'investissement complet.

La ville est calme; on dirait que la mort

plane sur elle. Les rues sont éclairées par des lanternes suspendues aux façades des maisons; le compteur à gaz a été évacué depuis le 14; on a monté de l'eau à tous les étages, moyen bien insuffisant pour protéger contre des projectiles de 27 et de 80 kilogrammes, qui détruisent aussi bien qu'ils incendient. Les uns dorment, afin de reprendre des forces pour l'heure du péril, et c'est une bénédiction de Dieu que ce sommeil, avant que des milliers de projectiles soient lancés à toute volée sur une ville, par des ennemis insoucieux de toutes les lois de la guerre admises par les peuples civilisés. Les autres s'angoissent à interroger les mystères du silence; ils s'alarment du moindre bruit : une porte qu'on ferme, un meuble qu'on remue les font tressaillir. Le sang bouillonne dans leurs artères, et sonne dans leur cerveau le glas funèbre. Leur cœur se crispe par instants; ils font un retour en arrière, ils revoient leurs jeunes années; ils se représentent, avec une puissance énorme de mémoire, leur enfance, leur berceau, les baisers de leur mère. Ils souffrent de la peur pour ceux qu'ils aiment, et de la peur de l'imprévu.

Mais un répit nous est accordé, et ce n'est pas cette nuit encore que le fer et le feu vont passer sur nous.

Le 22, j'apprends qu'ils ont refusé de laisser sortir les femmes, les vieillards et les enfants. Nos morts sont inhumés au Jardin botanique. Une proclamation du général Uhrich nous apprend que « L'heure solennelle est arrivée... » Je cherche en vain dans ce document le mot de la situation. On sait bien que le général *tiendra* tant qu'il y aura *un soldat, un biscuit, une cartouche* : il l'a fait afficher; mais pourquoi, dans ce nouvel appel au courage des habitants, parler de siége régulier, quand il est sûr que c'est à un bombardement à outrance que la cité va être soumise? Le maire, de son côté, ne songe qu'à avoir peur des blouses; il en a oublié d'approvisionner la ville, et en oubliera demain d'armer la garde nationale.

Voici le document en question :

« Habitants de Strasbourg,

« Le moment solennel est arrivé. La ville *va être assiégée*, et soumise aux dangers de la guerre.

« Nous faisons appel à votre patriotisme, à votre virile énergie, afin de défendre la *capitale de l'Alsace*, la sentinelle avancée de la France.

« Des armes seront délivrées aux citoyens désignés par M. le maire, à l'effet de concourir à la protection des remparts.

« Fait au quartier général, à Strasbourg, le 22 août 1870.

Bon PRON. UHRICH.

HUMANN.

Une observation assez curieuse. Depuis ce matin les chevaux étaient inquiets : ils hennissaient et bêchaient du pied ; des oiseaux privés s'étaient envolés ; la dernière cigogne avait quitté son nid de la place Gutenberg. Les bonnes femmes s'en émeuvent. La superstition est ici près de la vérité. Les heures du désastre approchent. On m'assure qu'au double point de vue des munitions et des vivres, la place peut au plus tenir trente jours, et la citadelle soixante.

Dès onze heures du soir commence un feu croisé, de l'Ile-des-Épis, de la Robertsau, de Schiltigheim, sur la citadelle et l'arsenal. Deux batteries volantes nous bombardent toute la nuit, et prennent en écharpe la rue des Juifs, le quai des Bateliers, celui des Pêcheurs, la rue des Frères. Le tir est dirigé sur la cathédrale et sur les barrages de la porte des Pêcheurs, qu'ils manquent avec une maladresse remarquable. Nos remparts ont gardé un silence presque absolu. Des incendies ont été allumés au marché Gayot, au faubourg de Pierre, au quartier Saint-Nicolas. Le feu a pris à la citadelle : de hautes gerbes de flammes rougissent l'horizon. Vers le matin, c'est du Wacken que le feu était le plus violent sur les barrages.

Les nombreux projectiles qui tombaient dans l'Ill faisaient jaillir l'eau en trombe avec un gémissement strident; ils éclatent en touchant le fond des bateaux submergés, et le bruit qu'ils produisent en se déchirant sous l'eau a quelque chose de plus sinistre encore que lorsqu'ils tombent au milieu d'une maison; sur le sol dur, ou les larges assises d'un édifice. A cinq heures, l'ennemi se tait; après avoir allumé un nouvel incendie, rue du Jeu-des-Enfants.

Aucune précaution n'a été prise par la municipalité pour sauver les maisons de l'incendie. Contre les projectiles ordinaires (4, 12, 27), une couche de terre ou de sable sur les greniers aurait suffi. Les rues auraient dû être dépavées. La compagnie de pompiers est insuffisante : les pompes manquent. Que sera-ce demain? Quand on n'a que du canon pour protéger une ville contre un bombardement, et que l'ennemi a pour objectif cette ville tout entière, sur laquelle il lance ses projectiles en éventail et à toute volée, tandis qu'il n'offre à nos meilleurs pointeurs que l'orifice étroit de ses pièces, abritées derrière d'épais épaulements ou de solides blindages, il ne reste aux hommes de cœur qu'à s'incliner, se résigner, et attendre avec calme la ruine ou la mort.

Nuit du 24 au 25.

Le couvre-feu ne sonne pas à la cathédrale ; on a prudemment supprimé ce signal, qui servait à l'ennemi à ouvrir simultanément le feu de toutes ses batteries. A minuit, le bombardement redouble. Le feu prend rue des Charpentiers ; la citadelle continue à brûler. Des gens sans asile fuient sur les places, sous les boulets. On compte en moyenne vingt projectiles par minute tombant sur la ville. Nos canons se taisent. Nos pompiers sont harassés et décimés. L'église Saint-Guillaume est ébréchée. La bibliothèque, où se trouvent les plus précieuses collections de manuscrits sur l'histoire de la Réforme, est en feu ; le Temple-Neuf s'écroule dans les flammes ; la cathédrale est déchiquetée jusqu'au sommet, elle brille comme un gigantesque fantôme de pierre à la lueur des incendies, sa silhouette se reflète dans les nuages; les cris du guetteur ont un retentissement terrible, qui jette l'effroi dans les cœurs; le gymnase protestant (ambulance), des pâtés entiers de maisons s'allument çà et là. La mairie, le quartier général, la Préfecture, sont touchés. Le Musée, place Kléber, n'est plus. Les faubourgs, au nord, sont en ruines; la rue de la Soupe-à-l'Eau, qui borde la caserne de la Finckmatt, la Krutenau, le quartier de la manutention, sont ravagés. Ceux que la peur n'affole pas ont des larmes de rage plein les yeux. L'ennemi a campé ses batteries de position à tous les points d'attaque. Il a pu envoyer des obus dans la flèche de la cathédrale, à quatre cent cinquante pieds au-dessus du sol, au centre de la ville. La citadelle aussi est criblée de bombes, d'obus, de fusées, de mitraille : l'église, l'école, une partie de l'arsenal, brûlent. La casemate des officiers y est seule un abri sûr. Les pièces se démontent, les hommes tombent, broyés par les projectiles. C'est un carnage. Quelle nuit! Partout des sillons de ruines.

Le 25, nous envoyons un parlementaire demander encore une fois à l'ennemi de laisser sortir les femmes et les enfants. L'évêque de Strasbourg part, lui aussi, pour solliciter cette grâce de Werder, le commandant de l'armée de bombardement, au nom du Dieu dont il est le ministre. Les assiégeants répondent qu'ils ne laisseront point sortir les femmes et les enfants, parce que leur présence est une de leurs forces, et qu'ils bombarderont Strasbourg sans trêve, parce qu'ils veulent le prendre. Mgr Raess m'a communiqué son entrevue à Mundolsheim, au quartier général prussien; je transcris de mémoire. Il n'a pu arriver jusqu'à Werder, et a conféré successivement avec trois officiers de son état-major. Le prélat a fait valoir tous les arguments de cœur et de miséricorde, déclarant que c'était en son propre nom et au nom de tous les cultes qu'il venait. Sur sa demande de laisser sortir les femmes et les enfants, refus; d'épargner la ville pendant une nuit au moins, afin de donner le temps à la municipalité d'aviser sur l'utilité d'une capitulation, refus; refus fondé sur le caractère absolu des ordres venus du camp devant Metz. « Tentez l'assaut, faites le siége régulier, a ajouté l'évêque. — Nous ne sommes pas assez nombreux, ont-ils répondu, et il nous faut Strasbourg; la présence des femmes et des enfants nous aidera à réduire la place. »

Nuit du 25 *au* 26.

Werder avait dit hier : « Ce que vous avez vu jusqu'ici n'est rien; nous vous montrerons cette nuit ce que peut une grande artillerie. » C'était de la jactance allemande; car si les ruines se sont accumulées, la grande artillerie n'a pu que tuer et incendier comme la veille, sans ébranler nos remparts; tuer et incendier, en frappant sur tous les points d'une cité de quatre-vingt-dix mille âmes, des innocents et des citoyens sans défense. A huit heures du soir commence le feu des assiégeants, du Wacken et de la Robertsau; on compte successivement des salves de cinq coups et de sept. Parmi les nombreux incendies allumés aux quatre points de la ville, au faubourg National, rue du Dôme, place du Broglie, rue de la Mésange, place de la Cathédrale, partout enfin où tombe un projectile, j'en raconterai deux, celui de la rue Brûlée (qui a mérité une troisième fois ce nom), et celui de la cathédrale.

En face de notre maison s'élève l'ancien couvent des Récollets, transformé en magasins de campement. Cet édifice était un excellent objectif pour l'ennemi; aussi, pendant une heure, il fut le point concentrique d'un feu acharné. En voulant atteindre le magasin, il nous crible. L'incendie s'allume dans le pâté de maisons le plus proche, entre le campement et la préfecture. A minuit et demi les flammes montent droit dans le ciel; les obus et les bombes avivent sans cesse le foyer, aucun secours n'est possible. La retraite nous est coupée; nous ne pouvons fuir sous les projectiles, et, en restant, nous sommes menacés d'être ensevelis sous les décombres. A trois heures, enfin, je prends ma femme dans mes bras, et la porte à la préfecture, où elle sera en sûreté. Dieu nous gardait : deux chevaux attelés à un tonneau d'arrosage étaient tués derrière moi, au moment où je traversais la rue. Des combles de l'hôtel de la préfecture, j'ai sous les yeux le spectacle le plus grandiose : c'est sublime d'horreur... Les grosses murailles et les poutres montrent leurs carcasses calcinées ou tordues par les flammes. L'aube paraît, mais bien pâle à côté de ce foyer de lumière. Le vent tourbillonne autour de cet enfer; les étincelles jaillissent en crépitant. Plus loin, la flamme lèche les murs, qui se décharnent peu à peu. Puis ce sont des écroulements de cloisons et de grosses poutres; on entend monter de la rue des cris de désespoir et des appels de gens en détresse. Les murailles s'écroulent. A gauche, dans une ruelle, passe un brancard : une pauvre femme, décapitée par un obus dans son sommeil, est portée à la salle des morts de l'Hôpital civil.

Que de gens sans asile, à l'aurore de cette nuit sans sommeil! Que de souffrances! que de victimes! Strasbourg s'abîme sous les boulets; mais personne ne parle de se rendre. Les plus éprouvés veillent, au milieu des places et des carrefours, sur les épaves de leur mobilier qu'ils ont pu sauver.

On ne peut énumérer les incendies.

C'était un spectacle navrant que celui de la cathédrale, avec sa haute flèche transparente au milieu des flammes. Des sillons de feu couraient au sommet; de hautes colonnes de fumée montaient tout autour, en longues spirales. Le porte-voix du guetteur avait des accents lugubres. Des fragments entiers des galeries, des hautes sculptures, des colonnes tombaient...

Aux Allemands qui vanteront la douceur de leurs mœurs, leur respect du foyer domestique, leurs progrès, leur civilisation, on montrera nos maisons saccagées, brûlées, ou criblées par leurs boulets, et les tombes des nombreuses victimes que nous avons déjà, et que, sans doute, nous aurons encore à déplorer ; — à ceux qui invoqueront leur amour des sciences et des lettres, on rappellera notre belle bibliothèque (300,000 volumes) anéantie ; — à ceux qui oseraient vanter leur culte de l'art, on indiquera du doigt notre magnifique basilique, chef-d'œuvre d'un Allemand, Erwin de Steinbach, dégradée et ruinée par ces nouveaux iconoclastes. C'est un abîme de haine implacable que ces misérables ont creusé entre l'Alsace et l'Allemagne ; il faudra des siècles pour le combler.

Le château des Rohan, converti en ambulance, est écrêté par les projectiles. On a dû transporter les soldats malades et blessés dans le sous-sol.

Des gens fuient au Neuhof et au Neudorf, deux villages situés sous le feu de nos remparts, du côté de la porte de l'Hôpital. Mais ils sont dévalisés par des bandes de pillards ; ceux qui arrivent en lieu sûr seront requis bientôt, pour faire les tranchées et les épaulements du siége, par les Prussiens, qui ne craindront pas d'aligner les femmes et les enfants devant leurs travaux d'attaque, afin de paralyser la défense.

Les mêmes scènes de deuil se succèdent dans l'intérieur de la ville. La Société internationale déploie une grande activité pour la création et l'entretien des ambulances. On organise des restaurants populaires pour les nécessiteux, on songe enfin à leur ouvrir les grands bâtiments publics afin de leur donner un abri.

Le 31 août seulement, l'ennemi, sans cesser le bombardement qui, à présent, dure nuit et jour, mais semble se restreindre aux édifices militaires, commence à battre en brèche, de la troisième parallèle, tracée en avant de Schitligheim.

A présent la population s'est, en quelque sorte, acclimatée à toutes ces horribles scènes; partout on a organisé des gardes de nuit, et bien des incendies sont étouffés dans leur germe. Mais l'ennemi rapproche ses batteries, et si aujourd'hui les faubourgs sont détruits pièce à pièce par les bombes, demain ce sera le tour de la ville même; contre une bombe de quatre-vingts kilos, il n'existe aucun moyen de défense. La maison touchée par le projectile s'effondre sur elle-même, sans qu'il soit besoin que l'incendie s'y allume. J'ai constaté, par exemple, à la citadelle, qu'une bombe, en tombant dans un terrain mou, a creusé un trou de 1 mètre 50 de profondeur et de 12 mètres de circonférence. Lacour et Combier, deux élèves de l'école de santé, ont été mutilés sous la voûte de la porte de Pierre, où ils étaient de service, par un projectile de gros calibre qui a traversé le blindage en sacs de terre et a fait sept victimes. Sur certains points de l'enceinte, nos canons n'existent plus, ceux qui ne sont point démontés ne peuvent tirer, car c'est par une vingtaine de bombes et d'obus qu'il est immédiatement répondu.

Nous sommes donc dès maintenant à la merci de l'ennemi; il peut choisir entre la brèche et l'assaut, et la destruction complète de la cité. Le premier moyen serait le plus courageux, mais les assiégeants choisiront le second. Nous sommes avertis, du reste, que, si la place est prise d'assaut, la ville sera livrée au pillage. Werder, dans sa magnanimité, a daigné nous en prévenir. Eh bien! mieux vaut encore Strasbourg détruit, que la population livrée aux orgies de la victoire !

TROISIÈME LETTRE

Le dernier mois.

Parmi les projectiles que les assiégeants ont employés, j'affirme en tête de cette lettre avoir vu de mes propres yeux des balles coniques explosibles, au mépris de la convention signée par la Prusse. Cette puissance foule aux pieds toutes les conventions et tous les traités.

Les approches de la place sont entièrement déblayées, le camp retranché des Contades maintient l'ennemi à distance du rayon de défense compris entre la porte des Pêcheurs et la porte des Juifs. Mais les obus ne cessent de tomber sur la cathédrale. Les assiégeants battent en brèche un des bastions de l'enceinte, situé à gauche de la porte de Pierre, avec des boulets coniques en acier. La fonderie de canons et le Broglie sont très-maltraités. Voilà le bilan du 1er septembre. C'est de ce jour qu'enfin nos canonniers sont autorisés à tirer à volonté, sur l'avis du conseil de défense.

Dans une sortie opérée dans la nuit du 1er au 2 septembre, l'avantage nous est resté. Ce que je veux en signaler, c'est un trait de bonne foi qui fait le plus grand honneur à la loyauté allemande. Un soldat tient un officier prussien au bout de son arme. Celui-ci lève son mouchoir en l'air pour demander grâce. Le soldat baisse son arme et s'approche. Mais l'autre fait feu sur lui de son révolver. La balle effleure le cou du soldat, qui bondit en avant et éventre son lâche adversaire.

Les incendiés campent au château, au théâtre, à la mairie, à la préfecture, aux écoles, au chemin de hâlage, aux remparts sous des gourbis en bois et en terre.

Depuis deux jours, les projectiles *réguliers* manquent aux assiégeants. Ils envoient à courte distance, avec des mortiers, de la *mitraille noire*. Ce sont des morceaux de rail, des débris de tombes, de barreaux, de balcons. Au café Saint-Étienne est tombée une rosace de balcon. Leurs derniers obus éclatent peu; en moyenne, six sur dix demeurent intacts. Ces nouveaux projectiles seraient fabriqués à l'usine d'Illkirch-Graffenstaden; des fragments assez considérables portaient encore les marques I. G.

Ils ont bouleversé le cimetière Sainte-Hélène, je l'ai dit déjà, mais j'ajoute un fait que j'ai vérifié de mes yeux, et qui justifiera toutes les accusations les plus violentes contre les assiégeants. Au quai des Pêcheurs, a pénétré dans une maison un fragment de croix funéraire, sur laquelle se trouvaient les initiales du nom du défunt :

il est entré précisément dans l'appartement de la famille qui avait planté cette croix sur la tombe des aïeux.

La plume frémit dans ma main, quand je raconte une violation aussi audacieuse des lois divines et humaines. Mais c'est le devoir de l'homme de cœur de flétrir le banditisme prussien. La tombe est sacrée chez les nations les plus sauvages, et ici le sacrilége devient un moyen de meurtre.

Ces courageux assiégeants en sont, du reste, encore aux ruses de guerre d'opéra-comique.

Une nuit, ils tournent soudain leurs batteries vers la campagne, à l'exception d'un seul canon qui continue à battre la place. Dans le lointain retentissent des feux de peleton, des hourras, des cris de « Vive la France ! » des piétinements de chevaux, des roulements d'artillerie. Toute cette fantasmagorie avait pour but de nous faire croire à des secours et de nous attirer dans leurs lignes. Un espion assez retors était venu, dans la journée, sous l'uniforme du 87e, à l'hôpital militaire, préparer la surprise. Il demanda à voir un camarade blessé. Il raconta qu'il avait traversé les lignes assiégeantes, et que Mac-Mahon était à quatre lieues. On le fila à sa sortie. Il fut accosté, reconnu pour un ancien soldat déserteur et mis sous bonne garde, au moment où il entrait dans une maison du faubourg de Pierre.

Nous sommes, du reste, entourés d'espions : tantôt ce sont les marchandes de fruits qui font le service des correspondances entre le quartier général prussien et les affiliés, tantôt ce sont des hommes qui lancent des fusées pour donner des points de repère au tir de l'ennemi; j'aurais bien d'autres choses à dire sur ce point, mais en ce moment le silence est d'or. Je pourrais blâmer les officiers qui ont mis leurs bureaux et leurs personnes dans les caves du château, à l'abri du pavillon de Genève, celui qui a fait retirer ses deux guérites de devant sa maison le jour même où on a battu la générale, afin de celer sa qualité. Mais laissons ce sujet.

Depuis le 8, nous mangeons de la viande de cheval, la bière manque pour une raison très-simple : les caves de conserve des grandes brasseries, situées à Schiltigheim, sont au pouvoir de l'ennemi.

Huit soldats du 96ᵉ ont exécuté un joli coup de main, dans la nuit du 8 au 9, sous la conduite d'un sergent et d'un caporal. On avait remarqué que des ennemis se rendaient chaque jour de la Montagne-Verte à la batterie établie à Kœnigshoffen. Une tannerie et trois maisons voisines leur servaient de dépôt de vivres et de munitions de guerre. Une vingtaine d'hommes gardaient cette tannerie. Nos soldats se font conduire dans une barque au plus près. Abrités par le feuillage et les broussailles, ils s'approchent en rampant. L'un d'eux met le feu aux écorces dont la tannerie est approvisionnée. Le bâtiment flambe. Les Prussiens enfumés dans leur tanière tentent de fuir, mais ils tombent sous les balles ou sont brûlés. Trois coups de sifflet résonnent. Un officier accourt à cheval, deux cents hommes le suivent. L'officier va rejoindre ses soldats sur le carreau, et nos braves se replient rapidement et échappent au péril qui les menaçait. Nos soldats rapportèrent comme butin quatre boîtes à mitrailles, des paquets de cartouches, des provisions.

Les assiégeants mènent bonne vie autour de nous ; rien ne leur manque, ni les traîneuses d'armée, ni les violons. Ils dansent, chaque soir, à la brasserie Gruber (Galgendorf) et ailleurs, tandis que les leurs tuent nos femmes et nos enfants. La Schachenmuhl, à 500 mètres de nos remparts, est devenue une maison de folles débauches. Et puis, quand on en fait prisonniers, pour nous apitoyer, ils parlent de leurs femmes, de leurs enfants, des ordres de leurs chefs. L'hypocrisie a été de tout temps une vertu prussienne.

Un des plus navrants spectacles de chaque jour, c'est le passage des brancards et des ambulances volantes, dont les rideaux de toile sont tatoués de larges plaques de sang.

Nous en sommes arrivés à calculer les

heures de ralentissement momentané d'un bombardement à peu près incessant. A onze heures du matin, les assiégeants mangent la soupe et nous accordent une demi-heure de répit. Ils ne mangent malheureusement qu'une fois par jour.

Des incendies, voilà le regain de ces dernières heures de luttes. Je cite les plus terribles. Vingt-cinq victimes par jour, voilà le contingent des blessés en ville.

Le 10, à onze heures du matin, un neuvième commencement d'incendie au théâtre ne peut être arrêté. Les combles prennent feu avec la rapidité de l'éclair. Les deux cent cinquante malheureux qui avaient un abri au foyer et dans les couloirs, fuient au hasard sous les boulets. Aucun n'est atteint. La flamme s'élève haute et claire, en colonne droite. L'ennemi bat le foyer, de Schiltigheim et du Wacken. Le sifflement des flammes a quelque chose du mugissement de la tempête. — Midi. La toiture s'effrondre, les poutres s'écroulent. Les bâtiments voisins peuvent encore être préservés, grâce à l'isolement de l'édifice et au calme de l'atmosphère. — Deux heures. La salle est détruite, les murailles se dressent dénudées. Les flammes jaillissent au-dessus des pignons, à chaque coup de l'ennemi, dont le feu est très-nourri. — Les caves ne sont point entamées. Le cintre et la scène avaient été inondés depuis la veille. Le feu a pris aux rideaux et aux toiles. La salle devint en moins de dix minutes entièrement inabordable. Le lustre tomba bientôt à grand fracas. On va déblayer les décombres, travail difficile, car bien des projectiles sont ensevelis sous les débris, et le moindre choc peut faire éclater ceux qui n'ont point fait explosion. On installera dans les caves un nouvel asile. Tout est détruit, ici, comme à la Bibliothèque et au Musée.

C'est le 12, que nous apprenons la proclamation de la République; cette bonne nouvelle nous ferait espérer du secours, si nous n'apprenions en même temps la capitulation de Sedan, et si le sifflement des obus ne nous disait d'une façon douloureuse notre situation. Cette communication nous est faite par la délégation suisse, qui arrive pour sauver le plus d'innocents qu'elle pourra sous la protection du pavillon fédéral. L'émotion est vive parmi nous, en apprenant aussi que la Chambre a voté à l'unanimité que :

« Strasbourg, sa population et ses défenseurs ont bien mérité de la Patrie. »

La fanfare wagnérienne de messieurs les Prussiens accentue cet ordre du jour. Strasbourg arbore les couleurs nationales : la ville bombardée se pavoise sous les boulets. Le fait est inouï dans les annales des peuples.

Jules Favre nous a fait vibrer l'âme, quand nous avons lu ce passage de son éloquente circulaire du 6 septembre :

« Quand ils vont pieusement déposer des couronnes aux pieds de la statue de Strasbourg, ils n'obéissent pas seulement à un sentiment d'admiration enthousiaste ; ils y prennent leur héroïque mot d'ordre, ils jurent d'être dignes de leurs frères d'Alsace et de mourir comme eux. »

Démissions du maire et du préfet, qui passent inaperçues. La population désespère, elle baisse le front devant nos désastres. Elle saura souffrir encore. Mais l'alternative d'une destruction de la cité tout entière ou d'une prise d'assaut, lui apparaît dans toute sa hideur. Courir aux remparts, il est trop tard. Les travaux des assiégeants sont sous nos ouvrages avancés. D'énormes pièces de marine blindées nous écrasent de leurs projectiles : on coupe les mains aux servants; mais pour un de mutilé, il en sort dix de terre. La petite vérole fait des ravages, le séjour dans les caves est très-pernicieux; le manque de lait tue les vieillards et les enfants.

Cinq cent seize émigrants partent le 15 septembre sous la protection du pavillon suisse. Le soir une panique se répand dans Strasbourg. Ce n'est pas la canonnade qui cause en ce moment cette terreur, c'est une nouvelle déclaration de Werder que, Strasbourg pris d'assaut, il mettra la ville à sac. Quel horrible sort pour nos femmes, nos sœurs, nos filles ! Une telle menace s'explique par cette considération, que les Prussiens, s'ils ne peuvent espérer la cession de ce boulevard de la France, veulent l'anéantir afin de faire disparaître une ville que bien des années ne suffiront pas à relever. Le sac et le pillage ! c'est odieux ; mais qu'importe à ces damnés ?

Dans la nuit, l'arsenal et les derniers bâtiments de la citadelle s'écroulent. Nos collections d'armes sont perdues. Mais à quoi bon retracer encore ces tableaux si tristes et toujours les mêmes ? Nous sommes menacés, cette fois, du côté de la Porte de l'Hôpital, et, par un effet de repercussion que je ne puis attribuer qu'à la densité de l'atmosphère, chaque fois que nos canons répondent, les coups produisent un long roulement qui semble aller réveiller les échos de la Forêt Noire. Le 20, à six heures du soir, c'est le tour de la Préfecture qui est bientôt détruite et rasée jusqu'aux voûtes des caves.

Un parti, qu'on peut nommer le parti de

la reddition, commence à parler de capituler; mais il ne représente qu'une infime minorité. La nuit est troublée par une fusillade très-nourrie, engagée entre la porte de Pierre et la porte des Pêcheurs. L'ennemi tente une approche de nos ouvrages; il est bientôt repoussé. Le 22, les assiégeants semblent diriger leurs coups sur l'enceinte; ils ont sans doute renoncé à toute tentative de surprise, avant d'avoir fait brèche à nos remparts.

Le 22, sept cent soixante-huit personnes émigrent par la porte d'Austerlitz. Leur passage à travers les lignes ennemies rencontre de grandes difficultés. On croit même qu'il n'y aura plus de convoi de ce genre : les Prussiens auraient déclaré qu'ils en sont fatigués. On remarque l'attitude peu patriotique du *Courrier du Bas-Rhin,* dont le propriétaire a été nommé préfet intérimaire et qui continue à paraître avec le timbre impérial. La garde mobile est mécontente; elle se plaint de ce qu'on ait laissé brûler dix-huit mille chassepots à l'arsenal, et qu'on lui ait maintenu le fusil à tabatière qui ne porte pas à plus de six cents mètres, repousse et crache.

Plusieurs de nos ouvrages tombent aux mains de l'ennemi. Des mines mal préparées ne sautent pas. Les désastres et les victimes deviennent d'autant plus nombreux que les batteries se rapprochent du rempart. L'attitude de la population est calme, résignée, stoïque : elle se trempe comme l'acier au creuset de la souffrance.

Le 25, à deux heures de nuit, l'assiégeant tente une surprise en force sur le camp retranché et la Porte des Juifs. La lutte est vive; un moment, elle devient générale et s'étend jusqu'à la porte de Saverne. Cette attaque avait pour but de couvrir les travaux de tranchée dans l'ouvrage 53. Des bombes de quatre-vingts kilos, lancées des Rotondes en parabole, traversent la ville à une hauteur énorme et vont tomber au Finckwiller. Hier et avant-hier ils se sont servis de ballons captifs pour observer la place.

On sent que l'heure solennelle approche : les glacis sont couronnés, plusieurs de nos ouvrages sont entre leurs mains, des brèches sont ouvertes au rempart, leurs batteries de position sont installées, l'eau baisse dans les fossés.

Le 27, à 2 heures, je vais visiter la citadelle. Pas un bâtiment n'est debout, partout des carcasses labourées et trouées de toutes parts. L'église n'a plus de toitures ; ses murailles ne sont pas plus épargnées que celles des autres édifices, les gourbis mêmes ne sont plus un abri pour le soldat. Les obus et les bombes pleuvent de tous côtés, le sol est comme fouillé par les projectiles. Mais l'enceinte est intacte, et le soir même, 600 hommes étaient commandés pour aller réparer un barrage détruit par l'ennemi. La nappe d'eau est encore profonde.

A 5 heures 1|2, le drapeau blanc est arboré sur le bastion n° 20, par le lieutenant-colonel Rollet, commandant de la forteresse, en l'absence de M. Blot, colonel du 87e, blessé la veille par un éclat d'obus.

Au moment où il tient à la main le drapeau, trois projectiles viennent frapper le bastion, l'ouvrage du reste le plus exposé au feu de Kehl.

En me retournant vers la ville, je vois flotter le même drapeau, au sommet de la tourelle nord de la cathédrale.

Est-ce un armistice, ou la reddition?

Nous apprenons bientôt que Strasbourg est à l'ennemi, qui doit y entrer le lendemain à 7 heures du matin. Le conseil de défense de la place aurait décidé à *l'unanimité*, selon la proclamation du général, que la place ne peut tenir plus longtemps.

On dit que nous avons capitulé; mais le général Uhrich n'a point fait connaître à la population de Strasbourg le texte de cette capitulation.

J'interroge les officiers de la place, et voici ce qu'on me répond :

Depuis hier, ils ont mis en batterie des mortiers d'une telle puissance qu'ils pourraient, en deux heures, détruire le reste de la ville. Ils ont ouvert une brèche de 18 mètres de large entre la porte de Pierre, et la porte du Chemin de fer. Leurs tranchées sont faites jusque dans les ouvrages nos 11 et 12. La résistance n'aurait donc pu se prolonger que pendant un délai très-court et en amenant sans utilité la ruine complète de la cité.

La brèche a été examinée hier, par M. de Barral, et deux officiers du génie, qui ont déclaré que dans les vingt-quatre heures, elle pouvait devenir praticable. Nous n'avons plus de munitions suffisantes pour résister à un assaut vigoureux. L'ennemi aurait jeté 60,000 hommes contre nos remparts; il en aurait sacrifié 10,000 pour combler le fossé, mais il aurait passé au moment où, nos chassepots s'encrassant et ne tirant plus, nous n'aurions plus été en état de le tenir à distance. Werder avait déclaré qu'il venait de recevoir du prince Fritz, l'ordre formel de prendre Strasbourg à tout prix, et il aurait exécuté ses instructions dans toute leur rigueur.

Strasbourg a donc tant souffert, pour tomber aux mains de l'ennemi !

L'exaltation est grande dans la cité. On a pu craindre un instant des troubles sérieux. Avoir soutenu, sans se plaindre, un bombardement sauvage, et soudain apprendre que tous ces sacrifices deviennent inutiles, c'était bien fait pour irriter les courageux, et jeter la stupeur dans l'âme de ces braves citoyens, frappés dans leur patriotisme, par une nouvelle aussi douloureuse qu'imprévue !

Le chant des Girondins a retenti dans les rues de la ville jusqu'à une heure avancée de la nuit; c'était l'hymne d'agonie de la valeureuse cité.

QUATRIÈME LETTRE

La dernière heure, — Coup d'œil général.

Du 27 au 28 septembre. — Aux obus, aux bombes et aux incendies a succédé le calme, mais aussi l'attente d'un événement fatal. Que nous réserve l'entrée de nos ennemis? Ruiné par le bombardement, le sera-t-on encore par l'occupation ?

A 9 h. 1/4, un colonel badois traverse la ville le pistolet au poing, au milieu de quatre fusiliers. Depuis 7 heures, 200 hommes occupent la porte Nationale. Les officiers seront, dit-on, libres sur parole. Les soldats sont désarmés aux glacis et faits prisonniers.

A dix h. 1/2 commence le défilé de nos troupes. En tête, marche l'état-major, l'air profondément attristé; il passe aux cris de : « Vive la France! » Les vainqueurs occupent les bastions; cent cinquante hommes de piquet forment la haie, du poste à la porte. Nos soldats arrivent les larmes dans les yeux, la rage aux lèvres. Depuis la citadelle, ils se sont dépouillés de leurs armes, ont brisé leurs chassepots et leurs sabres, et les ont précipités dans l'Ill, au pont du Corbeau et au pont National. Les clairons sonnent faux la retraite. On serre la main aux camarades; mais on se tait, car au premier mot le sanglot monte aux lèvres. A midi, les Prussiens entrent par la porte des Pêcheurs. Ils viennent s'aligner, comme à la parade, sur les quatre faces de la place d'Armes et dans les rues adjacentes. Ils sont 20,000 environ. Les nôtres étaient près de 18,000, toutes les armes comprises.

Ces Badois ont Strasbourg démoli, ils ont nos fusils dans le même état. Vraiment ils ne doivent pas être fiers de leur victoire. S'ils étaient des hommes, ce n'est pas de l'orgueil que leur inspirerait l'aspect de la ville, et pourtant ils avaient l'air bien arrogant : on devine qu'ils nous réservent encore des jours de souffrance.

On peut dire avec plus de fierté qu'eux : « J'étais du bombardement de Strasbourg! » Mieux vaut le rôle de victime que celui de bourreau! Quatre cent cinquante soldats sont tombés à leur poste de combat, quinze cents sont blessés; deux cent cinquante habitants ont été tués, douze cents ont été atteints; nous avons reçu au moins deux cent cinquante mille projectiles de tout calibre. Le tertre qui s'élève tout frais encore sur la tombe des morts est glorieux. Heureux ceux qui n'étaient pas de la reddition! Mais l'heure des représailles viendra, et toutes les dettes seront réglées.

2 heures. Je parcours la ligne d'enceinte, à la faveur de la situation temporaire que nous fait le drapeau blanc arboré à la cathédrale, à la citadelle, à la porte de Pierre. C'est une promenade douloureuse; mais je puis ainsi juger exactement de la situation de la place, et apprécier, en mon âme et conscience, quelle était la force de résistance de Strasbourg au moment suprême.

La reddition a été une œuvre d'humanité, mais la place pouvait tenir encore. Deux brèches existent; l'une n'est point à jour, elle se borne à la destruction de l'angle de la muraille d'escarpe, à droite de la porte de Pierre; l'autre est plus sérieuse, le mur est démoli sur une largeur de 18 à 20 mètres; elle est à jour sur une surface de 4 mètres et une hauteur de 2 mètres au maximum. Avant de franchir cette seconde brèche, il aurait fallu jeter des milliers d'hommes dans le fossé dont l'eau est encore profonde. La contre-escarpe est intacte. Plus un seul de nos canons de la ligne nord ne pouvait faire feu; nos pièces avaient été démontées ou jetées au bas du talus. Avec leur grosse artillerie, les assiégeants avaient comme égrené la crête de l'enceinte. Nos mortiers seuls tiraient encore; les artilleurs les ont encloués. Merci à eux.

Du haut du rempart, on a derrière soi les bastions 51, 44, abandonnés par les nôtres à la dernière minute; à gauche, cet entassement chaotique qui fut la porte de Pierre; à droite, la porte de Saverne et la porte Nationale : des monceaux ! Le long des remparts sont les gourbis des soldats et des incendiés. Devant soi, on a Pompéi, Herculanum, les ruines de faubourgs élégants, couchés à terre par une grêle de projectiles. C'est un vaste champ de deuil, où des murs à demi écroulés marquent çà et là les lieux où fut un tiers de la ville. Le marais Kageneck, la rue militaire des Païens sont écrasés. Jusqu'au canal des Faux-Remparts, on ne voit presque que des monceaux de pierres; plus loin, la gare, la fonderie, le théâtre, la préfecture, le Broglie, la rue Brûlée, et plus loin encore, cinq cents maisons, les plus belles de la ville, sont brûlées et criblées. Au quartier Saint-Nicolas, au Finckwiller, c'est le même spectacle. Un tiers de Strasbourg est a terre, un tiers a été entamé, l'autre tiers à été touché.

Ils viennent de s'approprier des millions que, par incurie, on avait laissés à la Banque : un joli denier! Il est vrai qu'ils avaient promis de ne pas toucher aux caisses publiques, et de ne pas lever de contribution sur Strasbourg. Ils se sont approprié le tabac emmagasiné au dépôt, protégé à grand'-peine contre le bombardement, et se hâtent de le diriger sur l'Allemagne. Et ce sont nos employés salariés qui leur ont laissé cette proie, qu'on évalue à dix-huit millions, plutôt que d'y mettre le feu. Ils ont trouvé tout préparés, sur chariots et frappant neufs, les pontons complets de trois ponts de bateaux, dans le chemin de l'Hôpital. Ah! ils ont dû bien rire de nous, eux qui avouent que c'est heureux qu'on leur ait ouvert les portes, car ils ne seraient pas encore entrés si facilement. Ils ont mis la main sur des effets d'habillement et des couvertures pour tout un corps d'armée, tandis que les incendiés manquaient de vêtements.

Les ambulances et les médecins prussiens arrivent. Ils entrent immédiatement en fonctions. Un des chirurgiens déclare à un médecin-major, qui est d'avis que la jambe d'un des nôtres peut être sauvée, qu'il faut amputer, en ajoutant : « Ce sera un de moins ! »

4 heures. Je visite le camp retranché des Contades et son prolongement jusqu'au chemin de la Robertsau. A droite de la porte des Juifs, on aperçoit un commencement insignifiant de brèche, tentée du Wacken. Le mur n'est que tatoué de boulets ; les ouvrages confiés aux marins ont résisté, quoique les canons en fussent réduits au silence. La porte extérieure est labourée par la mitraille. Au dehors, c'est une plaine désolée, dévastée par la hache et les boulets, pour les besoins de la défense. Arbres, maisons, clôtures, tout est abattu. L'eau est profonde, et, en avançant vers la porte des Pêcheurs, on constate que les ouvrages sont intacts, que

les fameux pointeurs prussiens n'ont point réussi à démolir un seul barrage, et que la masse d'eau a peu diminué. La citadelle aussi n'est pas entamée. Si l'intérieur en est ravagé, ce n'est là qu'un fait insignifiant au point de vue de la force de résistance. Une citadelle ne devrait du reste avoir que des bâtiments blindés et à l'épreuve de la bombe. Quand, à 1,000 mètres de la place, on se retourne, on est effrayé de l'effort nécessaire pour la prendre, plus effrayé encore de la barbarie de ceux qui, n'osant pas assiéger la place, ont bombardé la *ville*, afin de réduire la place.

J'allais omettre, dans la rapidité du récit, les statues et monuments de Strasbourg.

Le mausolée du maréchal de Saxe a failli être détruit : une poutre a arrêté l'obus qui venait frapper au-dessus du tombeau. Kléber n'a point été touché : une seule des sentinelles du bas-relief a été coupée en deux. L'ennemi a fait subir un sanglant outrage à ses mânes : il a couronné la tête du brave des braves d'une branche de laurier, à son arrivée sur la place d'Armes. Lezay de Marnésia a été labouré par les projectiles : une branche d'arbre, lancée des remparts, lui a troué l'œil gauche et s'y est implantée. C'est le grotesque à côté de l'horrible. Gutenberg tient toujours son stylet levé : l'heure est venue cependant de graver sur l'airain la gloire des bombardeurs de Strasbourg.

Le soir, une partie de l'armée d'occupation se dirige sur Paris.

Le consul des États-Unis me donne le moyen de partir, en me remettant un passeport américain. Je partirai donc demain, à la première heure, avec mon *home*. Je souffre trop au milieu de ces incendiaires.

30 *Septembre.*

Avant de perdre de vue Strasbourg, j'ai jeté un dernier adieu à ceux que j'y laisse dans le deuil. La ligne d'enceinte est à peine entamée sur un point, entre la porte Nationale et les Ponts-couverts ; le fort du Pâté n'est pas entamé. Seulement les casques à pointe reluisent au soleil : c'est le Prussien qui garde Strasbourg.

Après avoir montré dix fois mon passe-port, à toutes les lignes ennemies, avoir traversé Kœnigshoffen, que nos boulets ont ravagé, Eckbolsheim, qu'occupent de nombreux éclaireurs, Lingolsheim, où l'on nous visite pour savoir si nous avons des armes, nous arrivons à Ensheim, où il n'y a plus de poste d'observation ; mais à la porte de la petite ville de Molsheim, où nous entrons le soir, nous retombons au milieu des Prussiens, dont nous nous croyions délivrés.

CINQUIÈME LETTRE

La Cathédrale.

Dans la nuit du 18 au 19 août, le premier projectile frappa le grand portail de la cathédrale; la tour nord fut ébréchée à la première galerie. Cinq jours après, un second pénètre par le vitrail, au-dessus de l'horloge astronomique; ce boulet détache de la fenêtre un bloc de pierre, qui broie tout sur son passage. Par un hasard providentiel, l'horloge est épargnée.

Nous ne compterons pas les nombreux dégâts qu'occasionnèrent les éclats de cet obus, nous dirons seulement que plusieurs endommagèrent les piliers de la nef. La nuit la plus désastreuse pour le superbe monument fut celle du 25 au 26, nuit de deuil pour les habitants, nuit de destruction et de ruines pour les édifices.

Vers neuf heures trois quarts, le gardien de la tour fait entendre le cri d'alarme : « Au feu ! A la cathédrale ! » cri rendu mille fois plus sinistre, jeté qu'il était au milieu du gémissement des bombes et du grondement du canon. Nos ennemis étaient parvenus à mettre le feu, au moyen de fusées incendiaires, aux combles de la grande nef. Le pan nord, au-dessus de la chaire, venait d'être atteint ; à l'intérieur on voyait les étincelles tomber par les ouvertures ménagées dans la voûte. En temps ordinaire, les secours eussent été prompts ; cette nuit-là, personne n'osait sortir de chez soi. On pouvait trouver la mort à chaque pas ; les boulets faisaient rage, et fauchaient tout sur leur chemin. La chapelle de l'Hospice civil était en feu; une flamme immense éclairait l'horizon du côté de la citadelle; chacun gardait sa maison. Les élèves de l'école de médecine (poste d'observation), les séminaristes, les gardiens, rivalisèrent de zèle pour éteindre l'incendie. Trois fois on le crut étouffé, trois fois de nouveaux projectiles le rallumèrent. Pendant qu'à l'intérieur de l'édifice on se hâtait de transporter en lieu sûr les vases sacrés et les ornements les plus précieux que renfermaient les sacristies, on cherchait à déménager de la crypte de la cathédrale quatre-vingts pauvres blessés, qu'on croyait y avoir mis à l'abri lorsque les obus ébranlaient les murs du grand séminaire, converti en une importante ambulance. Une fumée épaisse envahissait les nefs, allait gagner la crypte et étouffer dans leurs lits ces malheureux, dont quelques-uns étaient à l'agonie. On résolut de les porter dans les caves du grand séminaire; et, chacun se mettant à l'œuvre, l'évacuation fut faite en un quart d'heure. C'était un spectacle touchant de voir, ici, une sœur de Charité soutenant ou portant à moitié un blessé; là, un infirmier en prenant un autre sur son dos; là encore, des élèves du séminaire et de l'école de santé transportant couchettes et matériel. Chacun faisait vaillamment son devoir, malgré le danger.

Le feu avait gagné pendant ce temps les combles de la grande nef dans toute leur étendue, et, vers minuit, les flammes s'élevaient à une hauteur prodigieuse, et, dévorant la charpente recouverte de cuivre, éclairaient la ville entière. Vers deux heures, la toiture de la coupole devint elle-même la proie des flammes. On crut un moment que le feu gagnait les bâtiments du lycée et du grand séminaire, attenants tous deux à la cathédrale; mais les énormes solives de la toiture du dôme une fois consumées, l'incendie cessa ses ravages.

Le lendemain, sur un monceau de pierres, l'ancien télégraphe seul faisait voir ses bras pendants en signe de détresse.

Ceux qui avaient vu, la nuit précédente,

le temple neuf après l'incendie (deux pans de murs léchés par les flammes et troués par les boulets), furent tout heureux en pénétrant le matin dans l'intérieur de la cathédrale. La voûte avait résisté au feu ; on y voyait une seule ouverture faite immédiatement au-dessus des orgues par un obus, qui les a fortement endommagées. Quelques bancs placés au bas chœur, du côté de l'Évangile, et affectés aux séminaristes, ont souffert ; le feu a dû s'y communiquer par l'ouverture centrale de la coupole. La corde soutenant le grand lustre, passant par la même ouverture, et le lustre violemment précipité sur le pavé, ont été rongés par les flammes.

Tel est le bilan de cette nuit, qui restera dans notre souvenir comme une de ces scènes infernales, que ne rêve pas l'imagination la plus folle et la plus délirante.

Il ne s'est passé aucun jour sans que la cathédrale fût atteinte depuis l'incendie : la tour, les tourelles, les galeries, tout est dégradé. La maçonnerie en pierres de taille qui est occupée par les orgues (cinquième ogive en partant du chœur), a été traversée par trois obus qui ont éclaté dans l'intérieur. On se figure aisément les ravages qu'ils ont dû y causer. La moitié de cette œuvre de *Silbermann* a été lancée sur le pavé de la nef; le reste est entièrement abîmé et brisé. La galerie de la plate-forme a été enlevée à angle sud-est. De tous côtés des pignons ont été abattus; la célèbre rosace a reçu des éclats qui en ont troué les vitraux. Du côté de l'horloge, une verrière venait d'être restaurée à grands frais (dix mille francs); un obus à mitraille l'a complétement trouée. Des statues sans têtes, des niches vides, des saints sans bras, des rois sans sceptres et sans jambes, voilà ce qui remplace les sculptures qui faisaient l'admiration du monde entier.

Le portail Saint-Laurent est intact, le pignon du transsept a été seul ébréché par deux obus.

La tour du nord et la flèche ont été le point de mire des artilleurs ennemis, depuis la nuit de l'incendie. On eût dit qu'ils espéraient faire tomber ce chef-d'œuvre unique, et écraser par sa chute les maisons voisines et leurs habitants. Dès le vendredi 26, lendemain de la nuit la plus horrible, toutes les maisons situées sur la place de la cathédrale avaient été évacuées par leurs propriétaires et locataires, effrayés à juste titre par la fureur avec laquelle nos ennemis tiraient sur l'édifice. Depuis le 26 août, jusqu'au jour où le général Uhrich fit demander au général de Werder d'épargner la cathédrale, les artilleurs ennemis se faisaient un jeu d'atteindre la flèche. Le 15 septembre, à midi, un obus vint frapper la croix qui surmonte la cathédrale (450 pieds au-dessus du sol).

Un officier prussien, fait prisonnier, a raconté en quelles circonstances la croix de la cathédrale avait été touchée, et quelle punition a frappé ces bandits. Un pari avait été engagé. La gageure était de dix bouteilles de champagne, à boire lorsque Paris serait prussien.

Une pièce en acier, à longue portée, placée derrière les Rotondes est chargée double, l'officier pointe et touche avec précision la croix. Enthousiasmé du succès, il veut recommencer, afin d'abattre complétement cette croix; mais la pièce éclate, et tue l'officier sacrilége avec environ vingt-cinq hommes.

La croix ne tient plus à la flèche que par la tige du paratonnerre, et penche du côté nord. Sur la demande du commandant de Strasbourg, les assiégeants s'étaient engagés à ne plus diriger leurs projectiles sur la cathédrale, et, sur la foi de la parole *prussienne*, on avait fait de la vieille basilique un lieu d'asile, comme le prouve le document ci-joint. Nous verrons combien d'obus ont donné, depuis, un éclatant démenti à cette parole engagée.

Strasbourg, le 19 septembre 1870.

« Monsieur le général,

« Vous me faites l'honneur de me prévenir que M. le lieutenant général de Werder fera dorénavant respecter notre belle cathédrale par son artillerie, et vous me demandez en conséquence l'autorisation de l'offrir en ce moment pour asile à la partie de la population privée d'abri.

« Je ne puis qu'applaudir à vos sentiments d'humanité, monsieur le général, et je suis tout prêt à les seconder. Toutefois je dois dire que la cathédrale, quelque mutilée qu'elle soit, sert journellement au culte, et que le service religieux de la paroisse Saint-Laurent y continue sans interruption. Il sera donc nécessaire de concilier le double intérêt de la religion et du malheur, et, à mon avis, on le pourra facilement. On abandonnera aux indigents la chapelle Saint-Michel, isolée et commode, la chapelle Saint-André, le transsept de l'horloge, et, s'il est nécessaire, la chapelle de la Croix, le bas côté du sud et la haute nef, c'est-à-dire presque tout l'édifice. On ne réservera au culte que le bas côté de la chapelle Saint-Laurent et les sacristies, qu'on séparerait par une cloison en planches d'une certaine hauteur, capable de parer à tous les inconvénients.

« Je me permettrai aussi de vous prier, monsieur le général, de vouloir bien prescrire, dans cette église, devenue l'asile du malheur, une surveillance active et constante, afin d'y assurer l'ordre, la moralité, et, pendant les offices divins, le silence.

« Veuillez agréer, etc.

« Signé : ANDRÉ,

« Évêque de Strasbourg. »

Le 24 septembre, à onze heures et demie du soir, la cathédrale a été touchée en plein. Un parlementaire a été envoyé à ce sujet à l'ennemi.

Le 26 septembre, à trois heures après midi, deux obus ont frappé la cathédrale. Le dernier obus lancé par les Prussiens, le 27, jour de la reddition, en a détérioré la façade.

SIXIÈME LETTRE

De Strasbourg à Tours.

A peine avons-nous pu dormir, à Molsheim. Si, à Strasbourg, à la première heure, la discipline était sévère parmi les troupes d'occupation ; ici, dans une ville ouverte, les soldats s'en donnent à cœur joie. Des ivrognes ont bouleversé l'hôtel toute la nuit. A six heures, la trompe sonne : les bœufs vont aux champs ; à sept heures, c'est le tour des moutons, qu'un bêlement assez bien imité appelle au dehors; à huit heures, le long défilé des oies, sous la conduite des plus anciens jars, commence. Hier les bombes, aujourd'hui les bruits de la campagne. Les Vosges dressent leurs hautes cimes dans la brume du matin, qui leur forme une couronne d'ombre sous un lumineux soleil. On fait la vendange. De vieux parents nous serrent sur leur cœur, en s'écriant mille fois: « Vous en avez réchappé ? » *Sie kommen davon?* Sur cette terre d'Alsace, française par le patriotisme, on parle la langue de l'ennemi, mais si altérée, qu'elle ne ressemble guère au langage des gens de Berlin.

Les Prussiens ont requis, requis encore, des ouvriers pour les remparts (1400), en interdisant de travailler à rien déblayer, des ceintures de flanelle, des logements militaires, du fourrage, que sais-je? Les agneaux du 30 septembre deviennent des loups pillards, le 1er octobre. Ils ont vite dépouillé leur toison d'emprunt.

Mon ami, M. P., maintenu par ordre des

occupants dans ses fonctions de maire, succombe à la peine. Mais il demeure à son poste, afin d'user, dans l'intérêt du pays, de l'influence qu'il a sur les populations. Arrêté quatre fois sous les prétextes les plus futiles, il est sans cesse soumis à des vexations regrettables. Le courage civique mérite d'être signalé. Il est tel homme qui, à Mutzig, s'est hâté de mettre en poche sa rosette d'officier de la Légion d'honneur à l'arrivée de l'ennemi.

120,000 francs sont payés sur les 300,000 réclamés par les Badois, et le maire a su faire la répartition de cet énorme impôt sur tout le canton ; il a obtenu qu'il n'y eût pas de mise en quartier chez l'habitant. Sa terre du Canal est transformée en ambulance.

Dans l'engagement d'il y a huit jours, entre les francs-tireurs de L., commandés par la lieutenante..., dix-huit francs-tireurs ont été atteints, et soixante Prussiens environ sont tombés. L'affaire a eu lieu dans les vignes, entre Mutzig et Molsheim. Voici la vengeance odieuse de l'ennemi.

Il a achevé les blessés, mutilé les morts, et les a, pendant vingt-quatre heures, laissés exposés à la Croix, près de Mutzig. Cette petite ville est gardée par 3,000 hommes arrivés ce soir ; aussi devons-nous rétrograder. On nous refuse le passage. La route par Saverne est seule praticable.

On nous raconte que, près d'Epfig, un hameau s'étant révolté contre les réquisitions, les bandits ont fusillé dix habitants et le curé ensuite. Cela rappelle la scène de Gunstett, du 7 août ; ceux de Gunstett ont été pendus, ceux d'Epfig ont été fusillés. Que n'use-t-on de représailles !

Le 2, nous partons à la grâce de Dieu, car nous allons traverser encore une armée en marche sur les Vosges. La matinée est admirable. Des uhlans, des soldats d'infanterie par compagnies occupent la voie. Les paysans vont dans la montagne, armés de cuveaux pour cueillir la mûre sauvage. On ne se douterait pas, à leur air endimanché, qu'il couve dans les cœurs cette rage violente que le moindre souffle attise. Nous traversons Vasselonne, où campent les uhlans, Marmoutiers, où nous trouvons des Badois. A Saverne, il y a 3,000 hommes : dragons bavarois, chasseurs wurtembergeois, artillerie hessoise, sous-préfet hessois.

Demain recommence le bombardement de Phalsbourg. Le commandant de la forteresse a déclaré qu'on ne l'aurait que lorsque la chemise lui brûlerait sur le dos.

Les troupes prussiennes et bavaroises marchent sur Paris par le chemin de fer ; des convois de blessés venant de Metz se dirigent sur l'Allemagne ; depuis huit jours, il en est passé plus de sept mille.

C'était ce matin un coup d'œil magnifique que celui des Vosges dans l'azur du ciel. Les hautes roches granitiques du Kronthal étincelaient au soleil levant ; les vieilles ruines des forteresses d'autrefois surgissaient à l'horizon, comme un mauvais souvenir de l'âge de fer que les Prussiens nous rendent aujourd'hui.

Quand le ciel est si beau, l'atmosphère si pure, pourquoi donc ces uniformes étrangers qui souillent notre pays? Ils ne faisaient la guerre qu'à un seul, disaient-ils; or, cet *un seul* est entre leurs mains, et ils refusent de cesser le carnage et de signer une paix sérieuse avec les hommes du Gouvernement provisoire, ceux-là mêmes qui n'ont point ratifié la guerre. Quand on leur fait cette objection, ils restent cois et pour cause.

Le château de Saverne a été converti en ambulance : nous en avons visité les salles, sous la conduite d'une sœur de Niederbronn, et nous avons vite reconnu une ambulance prussienne. Le matériel le plus essentiel y manque. Des fiévreux, bien près de la mort, sont étendus sur de minces matelas de paille d'avoine, et à peine protégés contre le froid par des lambeaux de couverture. Des typhus, des dyssenteries au dernier degré, tel est le contingent wurtembergeois et prussien; douze blessés, dont trois turcos, tel est le contingent français de Sedan et de Frœschwiller. L'air est bon, mais le voisinage dangereux.

Saverne est mort, les habitants restent enfermés chez eux. Le tunnel est intact ; ç'a été une grosse faute de ne point le détruire, lors de la retraite de Mac-Mahon.

A Sarrebourg, beaucoup de soldats en quartier chez les habitants. A Lunéville, huit cent mille francs demandés ; MM. Majorel, Evra et Guérin arrêtés en ôtage. A Baccarat, tout le conseil municipal réuni a été fait prisonnier, pour refus de répondre à la réquisition. Des coups de fusil ayant été tirés sur le convoi des prisonniers, l'ennemi fait aligner ceux-ci du côté de la route d'où partait le feu de nos francs-tireurs. La contribution demandée était de cent mille francs. Le maire a 82 ans. A Gerbévillers, ils ont voulu percer le maire à la baïonnette ; M. Henry a ouvert sa chemise, en leur disant : « Allez, voilà la place. » A Vézelise, les familles fuient, on déménage les meubles des maisons. La ville est menacée d'incendie. M. S., le maire, et deux conseillers municipaux ont été emmenés à Nancy, pour répondre de la restitution de cinq gendarmes enlevés dans la nuit du 1er, par vingt-cinq francs-tireurs. Le surlendemain, un fort détachement est arrivé, a mis le feu à la maison où les gendarmes ont été pris. Deux jours après, ils s'emparent de deux nouveaux otages parmi les notables, pour garantie du paiement de cent mille francs de rançon qu'ils réclament. La ville sera épargnée; les habitants des environs sont accourus avec leurs chevaux et leurs voitures, pour aider au sauvetage des mobiliers. Guerre à l'argent, ruine de la France, tel est le double but de ces vampires. A Flavigny, même incident.

A Épinal, où nous arrivons le 5, nous apprenons que les francs-tireurs des Vosges, la légion bretonne et les gardes mobiles sont engagés depuis ce matin, à la Bourgonce, entre Baccarat, Raon-l'Étape, Saint-Dié, Bruyères.

On m'affirme que le 4, à Raon, ville ouverte, où il n'y avait pas un soldat, pas un fusil (la garde nationale avait été désarmée le 2), ils ont tout saccagé et ont tué 36 habitants, qu'ils ont assassinés sans merci, au moment où ils fuyaient à travers champs. Il est vrai que, le 2, Raon leur avait résisté et n'était tombé en leur pouvoir qu'au trente-sixième obus. Le fait est officiel.

Parmi leurs actes de sauvagerie, on m'assure qu'à la scierie Lajus, près de Celle, un soldat de la garde mobile blessé, ayant été porté sur un lit, quand ils entrent dans la scierie, ils le fusillent, le jettent par la fenêtre et le trépignent.

La défense n'est pas encore organisée dans les Vosges.

Les blessés de l'affaire de la veille, qui sont transférés, le 6, à Épinal, sont en petit nombre. Nos premières positions ayant été tournées par l'ennemi, nous avons perdu du monde dans un mouvement de flanc. Nos dix pièces de canon ont fait un feu nourri. Les Prussiens étaient en force. Six mille hommes, de notre côté, ont pris part à l'action. Les mobiles ont malheureusement tiré sur les Bretons, au moment où ils venaient d'enlever une batterie, et les ont forcés à se replier. Nous avons gardé nos deuxièmes positions, en avant d'Étival. Mais encore une reculade, et Épinal sera occupé.

Des Vosges à Tours, c'est par le chemin de fer que nous voyageons. Je n'ai donc pu que noter en passant les enrôlements, les départs de jeunes soldats; à Vesoul, le passage, dans la nuit du 12 au 13 septembre, sous la blouse du marchand de bestiaux, du général Ducrot, de son aide de camp, le capitaine Bossan, et de quatre autres officiers de Sedan; à Montchanin, l'ovation faite au général Uhrich, à 11 heures du soir. Les cris d'enthousiasme ont dû effacer dans son cœur le souvenir des acclamations malsonnantes qui ont salué son départ de Strasbourg, le 28 à midi, devant le piquet prussien.

Des territoires écrasés par un ennemi emporté par la haine, qui pille et incendie sans scrupule; des pays où la défense se prépare, où des familles de sept, huit, neuf enfants se lèvent pour repousser l'envahisseur, sillonnés par des troupes se rendant gaiement à leur poste de combat : voilà ce que j'ai parcouru. La France en révolte est belle, et j'espère,

Cent cinquante mille des nôtres sont à l'ennemi ; leurs vengeurs sortent des sillons fertiles de la patrie.

C'est une sainte chose que le patriotisme, et des frontières d'Alsace aux Pyrénées, sous le joug du vainqueur et sous le ciel libre des pays inoccupés, un seul souffle gonfle toutes les poitrines.

Ne cédons à l'étranger ni un pouce de notre territoire, ni une pierre de nos remparts : tel est le cri de ralliement. Luttons jusqu'au dernier homme, combattons jusqu'au couteau.

Plus grande aura été la souffrance, plus glorieux sera le triomphe.

APPENDICE

APPENDICE

Le Bombardement du haut de la Cathédrale

(Du 6 au 26 Août.)

Je transcris ici l'intéressant récit des phases successives du bombardement, qui m'ont été transmises par un des élèves de l'École de santé, chargés du poste d'observation.

SAMEDI 6 AOUT

A six heures du soir, on bat la générale dans toutes les rues. Les magasins se ferment,

On entend crier de tous côtés : « Les Prussiens sont à Strasbourg ! » Cette panique est causée par l'arrivée d'un convoi de blessés, qui apportent des nouvelles de la défaite de Frœschwiller. A neuf heures, arrive un autre train ramenant non plus des blessés, mais des fuyards.

7 AOUT

La ligne de chemin de fer de Strasbourg à Haguenau est coupée. Toutes les routes sont encombrées de soldats en débandade; à neuf heures du matin, six cents hommes du 21e sortent de la place; à midi, je suis appelé chez le colonel Ducasse, qui me charge, avec plusieurs de mes camarades, d'observer les environs de Strasbourg du haut de la cathédrale. On nous donne quatre plantons pour transmettre nos rapports, en attendant qu'un fil télégraphique soit établi.

8 AOUT

La ligne de Paris est interceptée ; les journaux n'arrivent qu'à six heures du soir par la ligne de Mulhouse. A la même heure, nous apercevons de la plate-forme, environ six cents cavaliers ennemis qui débouchent sur la route de Brumath, et s'arrêtent à gauche de Schiltigheim. Ils envoient un parlementaire annonçant la marche de cent mille hommes sur Strasbourg, et demandant qu'on rende la ville. Quelques coups de feu partent de nos remparts : deux cavaliers ennemis sont démontés. L'émoi est grand en ville.

9 AOUT

On n'aperçoit aucun éclaireur dans les environs. On fait sauter plusieurs ponts près du chemin de fer. Le télégraphe est établi sur la plate-forme de la cathédrale.

10 AOUT

Il fait un temps affreux. Quelques éclaireurs, suivis bientôt par un régiment de cavalerie et d'infanterie, sont en vue vers deux heures de l'après-midi. A quatre heures, la colonne ennemie s'étend de Niederhausbergen à Eckbolsheim; l'avant-garde pénètre dans le village. Les troupes ennemies emploient la soirée à occuper différentes positions, et à placer leurs avant-postes et éclaireurs.

11 ET 12 AOUT

Les assiégeants commencent leurs travaux d'épaulement. Les cavaliers vont requérir des travailleurs dans les villages environnants. De nombreux coups de fusil sont tirés par nos soldats sur les éclaireurs s'avançant à portée.

13 AOUT

A quatre heures du soir, le canon de nos remparts retentit pour la première fois. A sept heures, un détachement ennemi s'avance jusqu'au cimetière Sainte-Hélène : il est vigoureusement reçu par nos soldats. Les coups de fusil et la mitraille le forcent bientôt à battre en retraite, laissant une trentaine de morts sur le terrain. Un de nos artilleurs a deux doigts enlevés par une balle.

14 AOUT

Une foule assez compacte circule dans les rues. A trois heures du soir, quatre obus sont lancés par l'ennemi sur le faubourg de Saverne d'une batterie volante établie derrière les Rotondes du chemin de fer; notre artillerie a bientôt forcé l'ennemi à cesser son feu. Trois personnes sont blessées.

15 AOUT

La journée est assez calme; l'ennemi continue ses travaux en avant d'Oberhausbergen. A onze heures et demie du soir, une trentaine d'obus arrivent en ville, lancés toujours de la batterie des Rotondes.

16 AOUT

Coups de feu échangés entre nos tirailleurs, protégeant les hommes occupés à abattre les arbres qui environnent la ville, et les tirailleurs ennemis. Un détachement, composé d'infanterie et de cavalerie, fait une sortie par la porte des Pêcheurs, se dirigeant vers l'Orangerie. Il rentre vers sept heures, ramenant six prisonniers, dont un officier.

17 AOUT

A midi, nous recevons l'ordre de la Division, de surveiller une forte sortie qui doit se faire par la porte de l'Hôpital, du côté du Neuhof et d'Illkirch. L'infanterie s'avance sur la route de Bâle, suivie de quatre pièces de canon et d'un détachement de lanciers. Arrivés à huit cents mètres environ de la forêt du Neuhof, les zouaves, les turcos et les fantassins se déploient en tirailleurs. Une vive fusillade s'engage sur toute la ligne; l'ennemi est caché dans les chanvres et dans les bois; il répond assez vivement, mais il est forcé de se retirer sur Illkirch. Trois pièces d'artillerie sont amenées au-devant de nos tirailleurs sur la route de Bâle, et mises immédiatement en batterie, soutenues par les lanciers qui sont à cinq cents mètres environ en arrière. A ce moment, une espèce d'incendie éclate dans le village d'Illkirch, et paraît être un signal des Prussiens, pour demander du secours. Nos pièces viennent de tirer, lorsqu'une centaine de tirailleurs badois surgissent de derrière les talus, et fusillent nos servants qui sont forcés de se retirer. D'un autre côté, la batterie ennemie, établie en avant d'Illkirch, envoie plusieurs décharges qui prennent la route de Bâle, et mettent le feu à des maisons isolées, bâties sur le bord du chemin. Notre cavalerie, qui formait la réserve, se replie en désordre, laissant entre les mains des Prussiens r oiscanons. Un mouvement en arrière est fait par nos tirailleurs, qui viennent s'établir derrière la ligne du chemin de fer de Kehl. Une heure après, la reconnaissance rentre en ville, ramenant le colonel d'artillerie Fiévet, blessé, et ayant laissé à l'ennemi ses pièces de canon.

18 AOUT

A six heures du matin, un fort détachement d'infanterie sort par la porte de Pierre, pour protéger les travailleurs abattant les arbres de la route. Ils détruisent par l'incendie les premières maisons de Schiltigheim, qui se trouvent sur les bords de la route de Brumath. Dès le début nos soldats ne sont pas inquiétés; mais, vers sept heures, quelques coups de feu partent de l'intérieur du village. Une fusillade très-vive s'engage de ce côté, et dure quinze minutes. L'ennemi étant embusqué, nos soldats durent se replier. Quatre fantassins sont tués, et une quinzaine blessés. Le reste de la journée est assez calme, sauf quelques coups de canon tirés de nos remparts sur Schiltigheim et les premières maisons de Kœnigshoffen pour en déloger l'ennemi. A sept heures du soir, une centaine de boulets sont envoyés par nous sur l'établissement du Bon-Pasteur pour l'incendier. A huit heures, les obus tombent sur la ville. A une heure du matin, immense incendie au faubourg de Saverne.

19 AOUT

Six heures du matin. Une batterie établie aux bords du Rhin envoie une grêle d'obus sur la citadelle et sur la partie nord-est de la ville. Nos artilleurs font cesser le feu ennemi à midi. Nos obus ont incendié une dizaine de maisons de la ville de Kehl.

20 ET 21 AOUT

Incendie de quelques maisons de Kœnigshoffen par nos obus. L'ennemi continue l'établissement de ses batteries de position sans être inquiété : 1° à Kœnigshoffen ; 2° entre les Rotondes et le cimetière Sainte-Hélène (six mortiers) ; 3° sur la route de Brumath, en arrière de Schiltigheim ; 4° au Wacken (celle-ci a été construite derrière quatre fourgons de l'internationale) ; 5° à Kehl. Ses batteries volantes prennent position entre Illkirch et Ostwald, entre Ostwald et le chemin de fer, sur le Buckel de Lingolsheim et à la Robertsau.

Le quartier général du corps d'armée prussien qui investit en ce moment Strasbourg est établi à Lampertheim. C'est un petit village au nord de Strasbourg, à neuf kilomètres de la place, à gauche de la route qui conduit de Strasbourg à Haguenau.

Quand on promène son regard au delà des remparts au couchant, on rencontre d'abord une plaine bien cultivée, qui domine à gauche la vallée de l'Ill, en aval de Strasbourg. Cette plaine, aujourd'hui déserte, est divisée en un grand nombre de petites cultures maraîchères. Elle est traversée, dans la direction de l'ouest, par la route de Strasbourg à Paris. Par delà cette plaine, à trois kilomètres des fossés de la place, s'élève une colline sur laquelle s'étagent trois petits villages : Oberhausbergen, Mittelhausbergen et Niederhausbergen, buts de promenade en temps de paix pour les militaires de la garnison de Strasbourg, qui y vont boire de la bière, et pour les pauvres gens, qui le dimanche y vont manger de la choucroute.

Les hauteurs d'Oberhausbergen cachent aux regards, quand on se promène sur nos remparts, une vallée qui descend perpendiculairement à l'Ill et au Rhin; au fond de cette vallée, sur les bords de deux petits ruisseaux, la Souffel et le Leisbach, se cache le village de Lampertheim.

Ce village a été très-bien choisi comme siége du quartier général d'un corps d'armée chargé de l'investissement de Strasbourg. Lampertheim est, en effet, protégé par les hauteurs d'Oberhausbergen contre le feu de la place. Pour voir les maisons de Lampertheim, il faut être sur la plate-forme de la cathédrale.

De Lampertheim, si l'on veut descendre dans la vallée de l'Ill et vers le Rhin, on n'a qu'à suivre le cours de la Souffel : on traverse la ligne du chemin de fer de Paris à Strasbourg, la grande route de Strasbourg à Wissembourg, le canal de la Marne au Rhin, et l'on atteint, à six kilomètres de Lampertheim, des marais qui s'étendent jusqu'à l'Ill et au Rhin.

Les troupes ennemies placées à Lampertheim ont leur gauche couverte par ces marais, et le canal de la Marne au Rhin, contre une sortie des assiégés. Leur droite est protégée par Oberhausbergen. Les troupes campant autour du quartier général forment la gauche des lignes d'investissement. La droite des lignes s'étend, au sud de la place, jusqu'à Illkirch, sur le canal du Rhône au Rhin. Le centre paraît être le village de Holtzheim et la vallée de la Bruche.

La Bruche, qui descend des Vosges, arrose une des vallées les plus industrieuses du Bas-Rhin, et se jette dans l'Ill, sous « la Montagne-Verte », à la porte de Strasbourg.

Pour demeurer en communication avec la rive droite du Rhin, et notamment avec Rastatt, où l'armée ennemie paraît avoir ses dépôts, ses réserves et ses approvisionnements, les Prussiens ont établi un pont de bateaux sur le Rhin, en face du village badois de Stollhoffen, à la hauteur de la ville française de Haguenau, entre la Wantzenau en amont, et Seltz en aval.

Le cours du Rhin est, à cet endroit, partagé entre un grand nombre d'îles. Vauban avait eu si bien le sentiment des convenances que la situation avait pour un passage du Rhin, qu'il avait établi, en 1688, sur la rive gauche du fleuve, le fort Louis.

Un petit village, autour de ce fort, avait

quelque importance au siècle dernier. Pris par les Autrichiens en 1793, démantelé en 1815, le fort Louis n'a pas été rétabli.

24 AOUT

Le bombardement commence à 7 h. 1|2 du soir. Des obus, tirés à toute volée sur la ville, mettent le feu au Temple-Neuf (temple protestant), et de là à la Bibliothèque qui y est attenante. L'incendie fait en peu de temps des progrès effrayants ; impossible de porter secours ou de sauver les livres de la Bibliothèque. L'ennemi fait tomber une véritable pluie de boulets sur le foyer.

La cathédrale est complétement éclairée par les flammes, et dessine son ombre tout entière sur les nuages. Les bombes mettent le feu au séminaire protestant, converti en ambulance. Quelques maisons de la rue du Dôme sont atteintes également. A minuit, des flammes de tous côtés ; au faubourg National, au faubourg de Saverne, à la Citadelle, à Kehl, un spectacle horrible ! La

5*

canonnade ne cesse que vers 5 heures du matin.

25 AOUT

Au lever du jour, l'épaisse fumée qui couvre la ville, empêche de voir les mouvements de l'ennemi. Vers 10 heures, nous apercevons deux batteries qu'il avait établies dans la nuit, une à droite de Kœnigshoffen, derrière le talus du chemin de fer, l'autre à droite du cimetière Sainte-Hélène, batterie de mortiers qui n'avait discontinué d'envoyer des bombes sur nos postes avancés. Ces deux batteries à 1800 mètres de la ville, tirent, de temps en temps, sur le faubourg National. Dans l'après-midi, le feu prend au moulin militaire, situé dans ce même faubourg, tout près de la porte; il se communique à quelques maisons le long du rempart. L'arsenal et le magasin à fourrages de la citadelle, ainsi que plusieurs bâtiments de Kehl, continuent à brûler. Vers 7 heures du soir, les obus tombent autour de la cathédrale; à 9 heures ils semblent dirigés sur le centre de l'édifice;

les boulets n'arrivent qu'à la base. Bientôt le tir s'élève, les vitraux se brisent de tous côtés. En même temps l'incendie éclate sur plusieurs points de la ville.

A 11 heures, un des gardiens nous fait voir des flammes sortant par une lucarne de la toiture de la cathédrale. A l'aide du porte-voix, nous demandons du secours à la ville, mais en vain; personne ne vient, si ce n'est cinq ou six élèves de l'École. Nous essayons d'éteindre le feu avec une vieille et mauvaise pompe, en nous servant de l'eau des réservoirs de la plate-forme; mais la petite portée du jet de notre pompe et la toiture de zinc rendent nos efforts inutiles. L'incendie se propage avec une effrayante rapidité à toute la charpente qui recouvre la voûte. Les obus pleuvent autour de nous; la petite maison du gardien en est trouée en trois endroits; la flèche est endommagée. Après une heure de travail, manquant d'eau, nous abandonnons le feu à lui-même.

En jetant les yeux autour de nous, nous n'apercevons qu'une vaste mer de feu. La gare, l'hôpital civil, l'arsenal et un grand nombre de maisons du faubourg de Saverne, de Pierre, du faubourg National, et d'autres encore, sont la proie des flammes.

Devant un pareil spectacle, nous ne songions pas au danger pour nous-mêmes; un gardien vint nous avertir que le feu allait prendre à la tour, et qu'il fallait descendre au plus vite. La fumée, en effet, sortait par toutes les ouvertures de la tour, dans laquelle se trouve une charpente considérable. Nous nous précipitons aussitôt vers l'escalier; mais à peine avons-nous fait une quinzaine de pas, qu'il faut rétrograder : l'épaisse fumée nous étouffait. Trois fois nous essayons de descendre, trois fois nous échouons dans notre tentative. Nous n'avons que deux moyens de salut : risquer l'asphyxie ou nous loger aux quatre tourelles, à 120 mètres au-dessus du sol; mais là encore les projectiles donnent en plein; l'escalier peut être détruit, et nous priver de tous les moyens de descente.

Nous essayons une quatrième fois de pénétrer dans l'escalier de la plate-forme; nous avançons, malgré la difficulté de respirer que nous éprouvons ; un coup de vent chasse un instant la fumée ; nous échappons à l'imminent péril que nous avions couru.

TABLE

692. — Tours, impr. Mame.

www.ingramcontent.com/pod-product-compliance
Ingram Content Group UK Ltd.
Pitfield, Milton Keynes, MK11 3LW, UK
UKHW012051240726
13965UKWH00003B/1197

9 782013 029421